She was...   Ella era...

Jenni
RIVERA

Library of Congress Control Number 2023944922
ISBN 978-19553280801 (hc)
      978-1955328098 (prbk)
      978-1955328128 (e-book)
Lexile 890L

She was...   Ella era...

Jenni RIVeRA

QUEEN OF BANDA   **LA DIVA DE LA BANDA**

Text by
Raynelda A. Calderón

Illustrations by
María Florencia De Luca

Queens, New York

On a shiny summer day, a spirited child with a bright smile was born in California. Her name was Dolores Janney Rivera Saavedra, and she would grow up to be known as Jenni Rivera, *La Diva de la Banda*—The Queen of Banda.

Durante un verano brillante, nació en California una enérgica niña de sonrisa también brillante. Sus padres la nombraron Dolores Janney Rivera Saavedra, quien crecería para ser conocida como Jenni Rivera, La Diva de la Banda.

Jenni loved to study and brought home many school awards. At school, she was the only Hispanic girl who got straight As and was on the honor roll. Having Mexican parents, she could speak both English and Spanish very well. She was tough and would fight boys who were rude to her!

Certificate

A Jenni le encantaba estudiar y solía traer a casa muchos premios escolares. En la escuela, ella era la única niña hispana con calificaciones sobresalientes y figurando en el cuadro de honor. Sus padres eran mexicanos, por ello hablaba muy bien tanto el inglés como el español. ¡Era de carácter fuerte y peleaba contra los chicos que eran groseros con ella!

Because her parents loved Mexican music, Jenni grew up listening to music like *banda* and *rancheras*, and she loved it, too! In fact, she loved it so much that she would sing for her family at parties.

Como sus padres disfrutaban escuchar música mexicana, Jenni creció escuchando música de banda y ranchera, ¡le encantaba! De hecho, le gustaba tanto que solía cantar en las fiestas familiares.

She was a great singer who sang with a lot of emotion, and her voice was very beautiful. Her father was a musician and said that singing was what Jenni was meant to do. But her mom wanted her to be a teacher or a doctor instead. Jenni wasn't sure what to do.

Jenni era una gran intérprete; cantaba con mucha emoción y su voz era muy hermosa. Su padre, músico, decía que Jenni debía ser artista. Sin embargo, su mamá quería que ella fuera maestra o doctora. Jenni no estaba segura de qué hacer.

Trying to find her place in the world, she worked as a bank teller and a real estate agent and got a degree in business administration. But Jenni loved singing and wanted to become something.

A   123

Tratando de encontrar su lugar en el mundo, por un tiempo trabajó como cajera de banco y agente de bienes raíces; también obtuvo un título en administración de empresas. ¡Pero le gustaba tanto cantar! Jenni quería brillar.

Embracing her roots and taking a leap of faith, Jenni recorded her first studio album in the sounds her heart knew: Mexican music. But the album wasn't a success. So she recorded another album, and another, and yet another.

Abrazando sus raíces y dando un salto de fe, Jenni grabó su primer disco con los acordes que su corazón conocía, los de la música mexicana. Pero la grabación no fue un éxito. Por eso grabó otro disco; y otro. Y otro más.

You see, Jenni was facing an enormous challenge: creating Mexican music was believed to be only for men. Despite her talent, most radio stations wouldn't play her songs. Managers and venue owners took advantage of her by paying her less after a performance—or not paying her at all.

Verás, Jenni afrontaba una situación muy difícil: en ese entonces se creía que la música mexicana era solo para hombres. A pesar de su talento, la mayoría de las estaciones de radio no ponían sus canciones; y los gerentes y propietarios de establecimientos se aprovecharon de ella pagándole menos o no pagándole nada después de una presentación.

Jenni's motto was simple yet powerful: "Don't wait for someone to believe in you. Believe in yourself." And that is what she did. Despite the numerous obstacles she faced, including being a woman in an industry dominated by men, she continued to sing and write songs.

Jenni tenía un lema simple pero poderoso: "no esperes a que alguien crea en ti, cree en ti mismo". Y así hizo ella. A pesar de las numerosas dificultades que enfrentó, incluyendo ser mujer en una industria dominada por hombres, continuó cantando y escribiendo canciones.

NOS DICEN LAS MALANDRINAS PORQUE HACEMOS MUCHO RUIDO...

Her perseverance paid off when one of her new songs was played on the radio and instantly won over the hearts of listeners. From that moment on, Jenni's career skyrocketed.

Su perseverancia valió la pena cuando una de sus nuevas canciones sonó en la radio e instantáneamente se ganó los corazones de los oyentes. A partir de ese momento, la carrera de Jenni se disparó.

She became a groundbreaker in Mexican music. Radio stations couldn't get enough of her music now! And she received numerous awards in recognition of her talent and hard work.

Se convirtió en una pionera de la música mexicana. ¡Las estaciones de radio no dejaban de poner sus canciones! Recibió numerosos premios en econocimiento a su talento y su esfuerzo constante.

In addition to her success in the music industry, Jenni became known for her compassion and generosity towards others. She was a true do-gooder, devoting her time and resources to promoting the well-being of those around her.

Además de su éxito en la industria de la música, Jenni también se hizo conocida por su compasión y generosidad con los demás. Era muy bondadosa; dedicaba su tiempo y recursos a promover el bienestar de quienes la rodeaban.

Despite her fame, Jenni remained humble and grounded, always putting the needs of others before her own. She was a role model for many, demonstrating that success and kindness can go hand in hand.

A pesar de su fama, Jenni se mantuvo humilde
y con los pies en la tierra, siempre anteponiendo
las necesidades de los demás a las suyas. Fue
un modelo a seguir para muchos, demostrando
que el éxito y la bondad pueden ir de la mano.

Jenni's legacy as a talented artist, a strong and courageous woman, a devoted mother, and a compassionate human being will live on forever. As she used to say, "It is better to give than receive." Jenni gave generously of herself to make a positive impact in the world.

El legado de Jenni como artista talentosa, mujer fuerte y valiente, madre devota y ser humano compasivo vivirá para siempre. Como señalaba, "Es preferible dar que recibir", y Jenni brindó generosamente su apoyo para lograr un impacto positivo en el mundo.

Author's Note

Born Dolores Janney to Mexican parents in Long Beach, CA, on July 2, 1969, Jenni was the third of five children in the Rivera Saavedra family.

As a child, Jenni excelled in school and was always on the honor roll. As a woman, she fought sexism to become the number one singer in *banda*, one of the Mexican music styles that is extremely popular in Mexico and American Southwest.

While Mexican music has had plenty of famous female artists over the years, *banda* used to be dominated by men. Because of this, in the Mexican market, Jenni was named the "Queen of Banda." She also won many music awards.

A spokesperson, philanthropist, and entrepreneur, Jenni championed the rights of single mothers, young mothers, and those experiencing abuse. She was a pioneer in publicly speaking about domestic violence, something most female artists preferred to keep hidden. A victim of domestic violence herself, Jenni used her perspective to publicize the issue through advocacy. Her music inspired many women who were abuse victims and motivated them to come forward and seek help.

Jenni had published her autobiography, produced a television show, and was about to break into the mainstream market when she died in a plane accident on December 9, 2012.

Nota de la autora

Nacida como Dolores Janney de padres mexicanos en Long Beach, CA, el 2 de julio de 1969, Jenni fue la tercera de cinco hijos de la familia Rivera Saavedra.

De niña, Jenni sobresalió en la escuela y siempre estuvo en el cuadro de honor. Como mujer, luchó contra el sexismo para convertirse en la cantante número uno de la banda, uno de los estilos de música mexicana que es extremadamente popular en México y el suroeste de Estados Unidos.

Si bien la música mexicana ha tenido muchas artistas femeninas famosas a lo largo de los años, la banda solía estar dominada por hombres. Por eso, en el mercado mexicano, Jenni fue nombrada la "Reina de la Banda". En su carrera, ganó muchas premiaciones musicales.

Jenni, portavoz, filántropa y empresaria, defendió los derechos de las madres solteras, las madres jóvenes y las que sufren abuso. Fue pionera en hablar públicamente sobre la violencia doméstica, algo que la mayoría de las artistas preferían mantener oculto. Jenni, víctima de violencia doméstica, usó su perspectiva para publicitar el problema a través de la promoción. Su música inspiró a muchas mujeres que fueron víctimas de abuso y las motivó a presentarse y buscar ayuda.

Jenni había publicado su autobiografía, producido un programa de televisión y estaba a punto de ingresar al mercado principal cuando murió en un accidente de avión el 9 de diciembre de 2012.

About the author

Raynelda is a bilingual children's book writer passionate about sharing the stories of influential Latinas. Her love for history, culture, and empowering young readers has led her to create books that educate and inspire.

Sobre la autora

Raynelda escribe para un público infantil y en formato bilingüe, realzando la contribución de icónicas figuras hispanas a través de la historia. Su amor por la historia, la cultura y el empoderamiento de los lectores jóvenes la ha llevado a crear libros que no solo educan, sino que también inspiran.

  @rayccl0

About the illustrator

María is a graphic designer and illustrator from Argentina who enjoys creating different universes putting her personal touch to achieve unique illustrations.

Sobre la ilustradora

María es una diseñadora gráfica e ilustradora argentina. Disfruta creando diferentes universos poniéndole su tuque personal para lograr ilustraciones únicas.

 https://www.behance.net/floradeluca

Printed in the USA
CPSIA information can be obtained
at www.ICGtesting.com
LVHW072013160324
774458LV00003B/30